THE ART OF MOVEMENT

여 섬세한 목선을 드러내고, 조각 같은 어깨의 힘을 표현한다. 그녀의 갈비뼈를 감싸는 검은 드레스는 얼굴로 시선을 이끈다. 아라베스크 자세로 솟아오르는 또 다른 사진에서는 그녀의 치맛자락이 강렬하게 퍼져나간다.

바람에 흩날리듯 찬란한 밀러는 팔을 들어 올린 채 다리 뒤를 바라보며 그 순간의 속도, 숨결, 근육의 떨림, 그리고 끊임없이 확장되는 존재감을 보여준다. 비록 사진은 단 한 순간만을 포착할 수 있지만, 주변 공간에 감싸인 밀러는 결코 정지된 존재가 아니다. 무용수들은 마치 자신만의 내밀한 세계에 잠긴 듯하며, 관객의 시선을 끌지만 그에 응답하지 않는다. 움직임의 추진력과 내면의 에너지는 감지되지만, 노골적인 유혹은 거의 없다.

켄과 데보라는 아메리칸 발레 시어터American Ballet Theatre, 뉴욕시티 발레단, 마사 그레이엄, 앨빈 에일리 아메리칸 댄스 시어터Alvin Ailey American Dance Theater, 덴마크 왕립 발레단the Royal Danish Ballet 등 세계적인 무용단 출신의 무용수들과 함께 호흡하며 작업해 왔다. 이 사진들은 단순히 두 사람만의 협업이 아니라 각 무용수와의 협업이기도 하다. 켄과 데보라는 무용 스타일이나 기법보다는 신체의 자연스러운 흐름을 따른다. 이 책 속에서 무용수는 그저 무용수일 뿐이다. 그리고 그들은 편안함을 느낀다. 자신을 연기하는 것이 아니라, 있는 그대로의 모습을 드러내기 때문이다. 그 안에서 본질적인 아름다움과 투명한 섬세함이 빛난다. 이는 오랜 시간에 걸친 연습과 단련을 통해 완성된 신체 표현이며, 우리는 그 결과를 정교한 동작, 표현, 그리고 고요함 속에서 마주하게 된다.

그것은 아마도 그들의 작업 환경과도 연관이 있을지 모른다. 대부분의 사진은 브루클린 그린포인트Greenpoint, Brooklyn에 위치한 두 사람의 로프트, 즉 그들의 집이자 스튜디오에서 촬영되었다. 이곳은 두 고양이 릴리와 올리비아가 가끔 프레임 속으로 살금살금 들어오는 공간이기도 하다.

촬영은 철저히 협업을 바탕으로 이루어졌다. 조명부터 의상, 포즈에 이르기까지 모든 세부사항을 함께 논의하며, 무용수는 촬영 도중 모니터로 자신의 모습을 직접 확인하고, 몸의 라인을 조정한 뒤 다시 카메라 앞에 선다. 그들은 자신이 믿을 수 있는 사람과 함께 작업하고 있음을 알고 있다. 목표는 단 하나, 가능한 한 가장 아름다운 장면을 만들어내는 것이다. 아메리칸 발레 시어터의 수석 무용수 다닐 심킨Daniil Simkin이 첫 모델이었다. 그때부터 촬영을 마친 무용수들이 두 딸의 방에 사인을 남기고 가는 게 전통이 됐다. 그 중 하나는 이렇게 쓰여 있다. "나 여기 있었어요. 알레산드라 페리Alessandra Ferri."

무용수의 삶은 짧다. 하지만 켄과 데보라의 작업은 그 움직임의 흔적을 남긴다. 그것은 더 이상 춤이 아니라, 기록이며 유물이다. 그리고, 벽에 걸 수 있는 예술이기도 하다.

– 지아 쿠를라스Gia Kourlas

소개글

"춤은 당신에게 아무것도 주지 않는다. 보관할 원고도, 박물관에 걸 그림도, 인쇄되어 팔릴 시도 없다. 다만 살아 있음을 느끼는 그 찰나의 순간만을 준다. 춤을 사랑하지 않고서는 이 길을 계속할 수 없다."
– 안무가 머스 커닝햄Merce Cunningham

이 덧없고도 순간적인 예술을 포착할 수 있을까? 춤에 헌신한 사진작가 켄 브로워Ken Browar와 데보라 오리Deborah Ory는 카메라를 통해 불가능해 보이는 일을 실현하고자 한다. 그들은 무언가를 남기고자 하는 열망 속에서 정적인 포즈 대신 각기 다른 개성과 몸을 지닌 무용수들이 공기를 휘감는 순간을 담아냈다.

그들의 이미지에는 비행의 감각이 느껴진다. 치마는 낙하산처럼 다리를 감싸며 소용돌이치고, 척추는 비틀리되 멈추지 않으며, 뻗은 팔은 몸의 프레임을 확장시킨다. 머리카락마저 춤을 춘다. 정지된 사진 속에서 몸이 자라나는 듯한 인상을 주는 것은 에너지의 집중과 고도의 긴장, 그리고 의지와 관련이 있다. 점프의 도약이나 착지를 직접 볼 수는 없지만, 켄과 데보라의 사진에서는 그 전후의 순간과 찰나의 생생한 감각을 온전히 느낄 수 있다.

춤과 더 많은 시간을 함께할수록 그 안에서 더 많은 것이 보인다. 미묘함과 세심한 디테일, 그리고 영적인 울림까지. 춤을 추는 무용수는 결코 하나의 틀에 맞춰진 존재가 아니다. 그들은 각각 자신만의 방식으로 세상을 걷고 서 있으며, 유한한 존재다. 마사 그레이엄Martha Graham은 무용수를 "신의 운동선수Athletes of God"라 불렀다. 그들은 어느 날 우리 앞에 내려와 자신의 재능으로 순간을 비추고, 다시 사라진다.

켄과 데보라의 사진 작업은 무용수가 힘줄과 근육으로 이루어진 신체의 미로를 넘어, 자신의 본질을 드러내는 순간을 포착하려는 시도이다. 마사 그레이엄 무용단Martha Graham Dance Company의 훌륭한 무용수 페이주 치엔폿PeiJu Chien-Pott이 공중에 떠 있는 사진을 보라. 그는 땅 위를 벗어나 발끝을 뾰족하게 세우고 다리를 팽팽히 뻗은 채 가슴과 팔을 활짝 열고 있다. 고요한 정적이 감도는 얼굴은 마치 달빛을 머금은 듯하다. 부드러움과 강인함, 요정과 여인 사이의 대비 속에서 치엔폿은 훈련을 통해 다져진 힘을 드러내는 동시에, 그 단련이 어떻게 자유로움으로 전환되는지를 보여준다.

뉴욕시티 발레단New York City Ballet의 우아한 무용수 미리엄 밀러Miriam Miller는 눈길을 위로 향하게 하

이 책은

사라와 제나 오리,

엘리제 바이스바하에게 바칩니다.

그리고

제리 바이스바하,

마릴린과 조 브로워를 기리며

THE ART OF MOVEMENT

발레, 움직임의 순간

켄 브로워, 데보라 오리

동글디자인

서문

춤이라는 예술 형태는 늘 달콤쌉싸름한 면이 있다. 아름다움이 즉각적이고 본능적으로 느껴지지만, 오직 '지금'이라는 찰나에만 존재한다. 한순간 무대 위에서 살아 숨 쉬는 듯하다가, 다음 순간에는 사라져 버린다. 모든 공연은 저마다 다르고 그 자체로 삶의 흐름을 구성하지만, 같은 작품조차 결코 같은 방식으로 반복되지 않는다. 그것이 춤의 아름다움이자 동시에 슬픔이다.

그린포인트에 있는 켄과 데보라의 로프트에서 처음 촬영하던 날, 모든 요소가 제자리를 찾은 듯 느껴졌다. 그리고 이 프로젝트가 우리 커뮤니티의 시간 속 한 순간들을 중요한 기록으로 남길 수 있겠다는 확신이 들었다.

사진에 끌리는 이유는 춤의 덧없는 순간과 사진 속에 영원히 멈춰진 한 순간 사이의 아름다운 균형 때문이다. 사진에서는 수많은 요소들이 단 하나의 진실된 순간에 조화를 이루어야 비로소 예술이 된다. 바로 그 순간을 사진가가 포착해낼 때, 영원히 살아남을 수 있는 작품이 된다. 춤은 본질적으로 무수한 찰나들로 구성되어 있지만, 사진은 그 덧없음을 붙잡아 기억 속에만 남았을 법한 순간들을 다시금 눈앞에 불러온다.

켄과 데보라의 사진에 담긴 무용수로서 이 사진들이 만들어주는 가능성에 설렌다. 훗날 시간이 흘러 이 사진들을 다시 마주할 때 이 덧없는 순간들을 또렷하게 떠올릴 수 있으리라는 기대 말이다.

– 다닐 심킨

Daniil Simkin | Principal, American Ballet Theatre

“몸은 영혼의 날씨를 읽을 수 있는 이들에게, 그 상태를 알려주는 바로미터다.”

– 마사 그레이엄

마사 그레이엄은 인간의 몸에 대한 깊은 경외심을 가졌다. 단순히 육체의 아름다움 때문만이 아니라, 그 형태를 통해 드러나는 무형의 인간적 본질까지도 존중했다. 꾸밈없는 단순한 몸짓 하나가 관객과 본능적이고도 계시적인 연결을 만들 수 있다고 믿었으며, 바로 그 믿음이 그녀의 무용 혁명의 핵심이었다.

켄 브로워와 데보라 오리는 최근 몇 년간 ‘찰나가 하나의 세계를 환기시킬 수 있다’는 생각을 거듭 증명했다. 그들의 사진은 아름다움과 패션, 스토리텔링을 결합해 무용 사진의 새로운 스타일을 창조했으며, 그 스타일은 하룻밤 사이에 전 세계로 퍼져나가며 큰 사랑을 받게 되었다. 숨이 멎는 듯한, 눈을 뜨이게 하는 그들의 사진을 한 장 한 장을 마주할 때마다, 찰나의 짜릿함과 그 안에 담긴 본질에 대한 깊은 이해에 감동하게 된다.

물론 켄과 데보라는 세계에서 가장 아름답고 뛰어난 몸, 그리고 가장 위대한 ‘무언의 이야기꾼’들을 카메라에 담는 특별한 행운을 누린다. 그러나 그들의 사진이 우리를 사로잡는 이유는 그 이상이다. 두 사람의 사진은 관객과 각 무용수를 더욱 개인적이고 친밀하게 연결시킨다. 관객은 사진을 보며 예술가들이 우리를 감동시키기 위해 얼마나 오랜 시간 연습하고, 도전하고, 희생했는지를 느끼고, 동시에 형체를 넘어서는 유머와 지성, 자신감과 순수함, 그리고 희망과 소원, 꿈까지도 함께 느낀다. 사진 속 무용수들의 영혼의 날씨가 느껴지는 듯, 그들을 조금 더 알게 된 듯한 감정을 경험한다. 이 찬란한 무용수들을 통해 기쁨과 감동을 누릴 수 있도록 해 준 켄과 데보라에게 깊은 감사를 전한다.

– 자넷 에일버Janet Eilber

Janet Eilber | Artistic Director, Martha Graham Dance Company

"어릴 적 저는 진 켈리Gene Kelly가 되고 싶었습니다.
15살 때, 누나 메건Megan이 제게 '재즈댄스를 더 잘하려면 테크닉을 키워야 하니까 아메리칸 발레 스쿨The School of American Ballet의 여름 프로그램에 가보는게 좋을거야'라고 조언했습니다.
그곳에 갔다가, 결국 발레에 완전히 마음을 빼앗기게 되었습니다.
그전까지는 발레가 이토록 남성적이고 강렬할 수 있다는 생각을 해본 적이 없었습니다.
그 순간, 깊이 빠져들고 말았습니다."

– 로버트 페어차일드Robert Fairchild

Robert Fairchild | Original Broadway star, An American in Paris and Principal, New York City Ballet

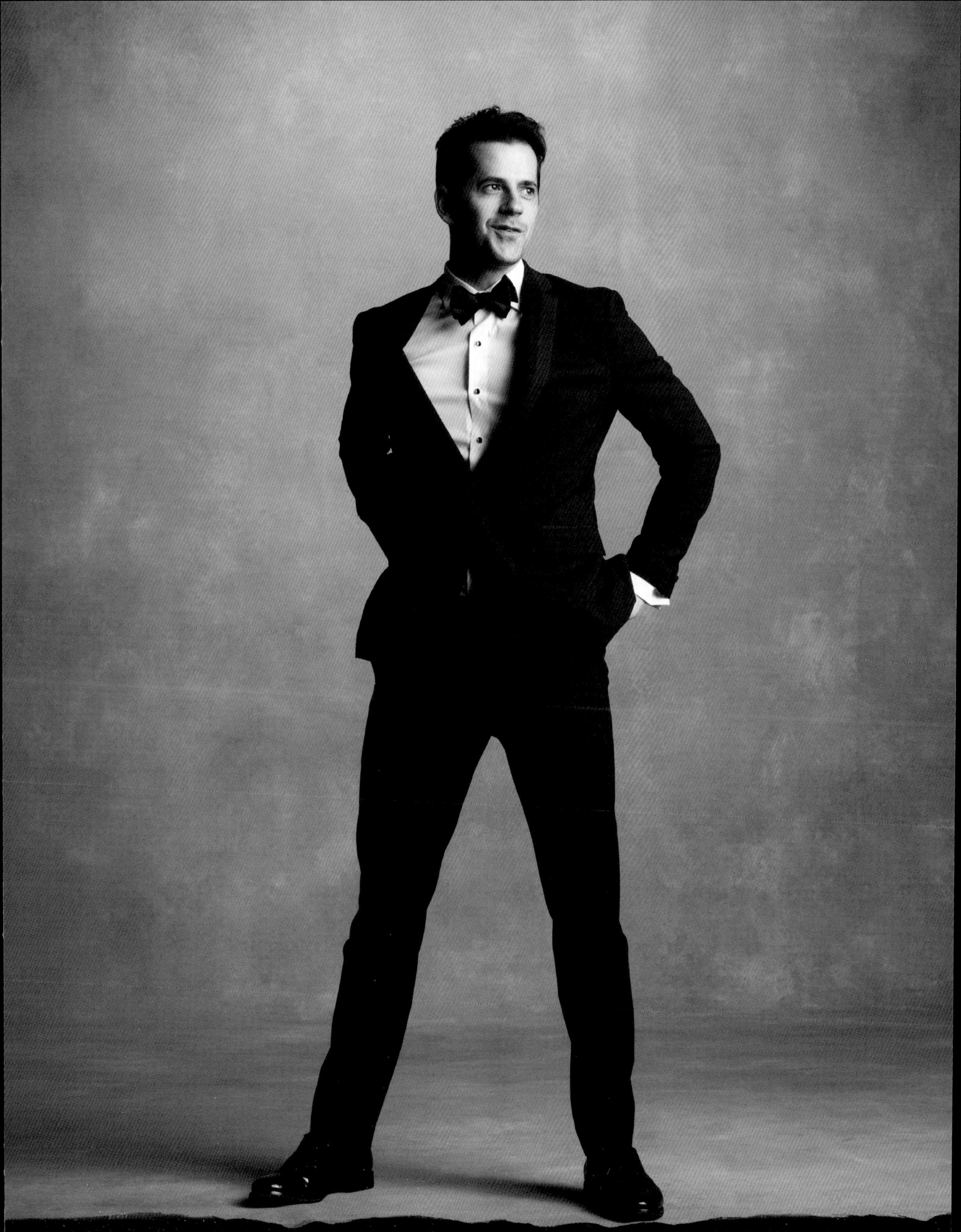

Tiler Peck and **Robert Fairchild** | Principals, New York City Ballet

"춤을 시작할 때, 제 몸을 어떻게 돌봐야 하는지를 알았더라면 좋았을 것입니다.
무용은 육체적으로 매우 고된 직업이며, 몸이 곧 악기이기 때문에 자신의 몸을 잘 돌보는 것이 정말 중요합니다."

– 타일러 펙Tiler Peck

"어릴 적 부터 늘 춤에 대한 열정을 가지고 있었습니다.
어린 시절에는 마돈나 노래에 맞춰 직접 안무를 만들어 추곤 했습니다.
춤은 제 DNA 속에 있었습니다.
다섯 살 때, 누나의 뮤지컬 극장 수업을 보고 저도 함께 하겠다고 했던 기억이 납니다."

– 마르셀로 고메즈Marcelo Gomes

"춤을 처음 시작했을 때, 인내하는 법을 알았더라면 좋았을 것입니다. 종종 목표에 도달하려는 압박에 스스로를 몰아붙이느라, 그 과정을 즐기는 법을 잊곤 합니다."

– 세바스찬 비넷Sebastian Vinet

Sebastian Vinet | Soloist, Ballet de Santiago

Charlotte Landreau | Soloist, Martha Graham Dance Company

“무대에 오른다는 것은 자신의 감정을 세상에 내어주는 일입니다.
내면의 세계를 표현할 수 있고, 여신이 되었다가, 죽고, 또 누군가를 죽이며, 끊임없이 스스로를 변주할 수 있습니다.
무용수가 되고 싶다면, 자신의 영혼을 관객에게 던지는 것을 두려워하지 말아야 합니다.”

– 샬럿 랑드로Charlotte Landreau

Daniil Simkin | Principal, American Ballet Theatre and **Celine Cassone** | Les Ballet Jazz de Montréal

"모두가 춤의 아름다움은 보지만, 그 이면에서 얼마나 많은 노력이 쏟아지는지는 잘 모를 때가 많습니다."

– 나야라 로페스Nayara Lopes

Sterling Baca | American Ballet Theatre and **Nayara Lopes** | Dance Theatre of Harlem

Nayara Lopes | Dance Theatre of Harlem

“저는 예술에는 국경이 없다고 믿습니다.
투어를 다니며 보여주고 싶은 것은, 러시아인인 우리도 똑같이 슬픔과
기쁨을 느끼고, 강한 감정을 지닌 사람들이라는 점입니다.
예술은 우리가 내면에 지닌 아름다움을 드러내고, 그것을 세상과
나누고자 하는 마음을 표현할 수 있게 해줍니다.”

– 아르템 압차렌코Artem Ovcharenko

Artem Ovcharenko | Principal, Bolshoi Ballet

Hee Seo | Principal, American Ballet Theatre

"프로 무용수로 첫발을 내디뎠을 때, 스스로를 받아들이는 법을 알았더라면 좋았을 것입니다. 저는 제 한계가 저를 규정하도록 내버려두었고, 그걸 벗어내기 위해 정말 오랜 시간 노력해왔습니다. 이제 그 한계들은 중심이 아닌, 가장자리에 머무르고 있을 뿐입니다."

– 제임스 화이트사이드James Whiteside

"더 많은 사람들이 춤을 '진짜로' 추는 것이 어떤 느낌인지 알았으면 좋겠습니다.
여기서 말하는 것은 기술이나 동작을 배우는 데 따르는 어려움이 아니라, 모든 것이 '탁' 하고 맞아떨어진 그 이후의 순간을 의미합니다.
가장 예리한 정신, 가장 유연한 몸, 그리고 가장 진실한 영혼이 최고의 수준에서 완벽하게 얽히는 바로 그 순간.
그 지점은 사람마다 다르게 느껴질 수 있지만, 누구나 삶에서 한 번쯤은 그곳에 다가가 보길 바랍니다.
그 순간은 말 그대로 날아오르는 듯한 기분이기 때문입니다."

– 파나 테스파기오르기스Fana Tesfagioris

“어릴 적 발레를 한다고 놀림을 받으면, 저는 이렇게 말하곤 했습니다.
‘나는 레오타드를 입은 예쁜 여자아이 50명과 발레 수업을 들어.
털 많고 못생긴 남자들이랑 축구하는 것보다 낫지 않겠어?’
그러면 논쟁은 늘 금세 끝났습니다!”

– 호아킨 데 루즈Joaquin De Luz

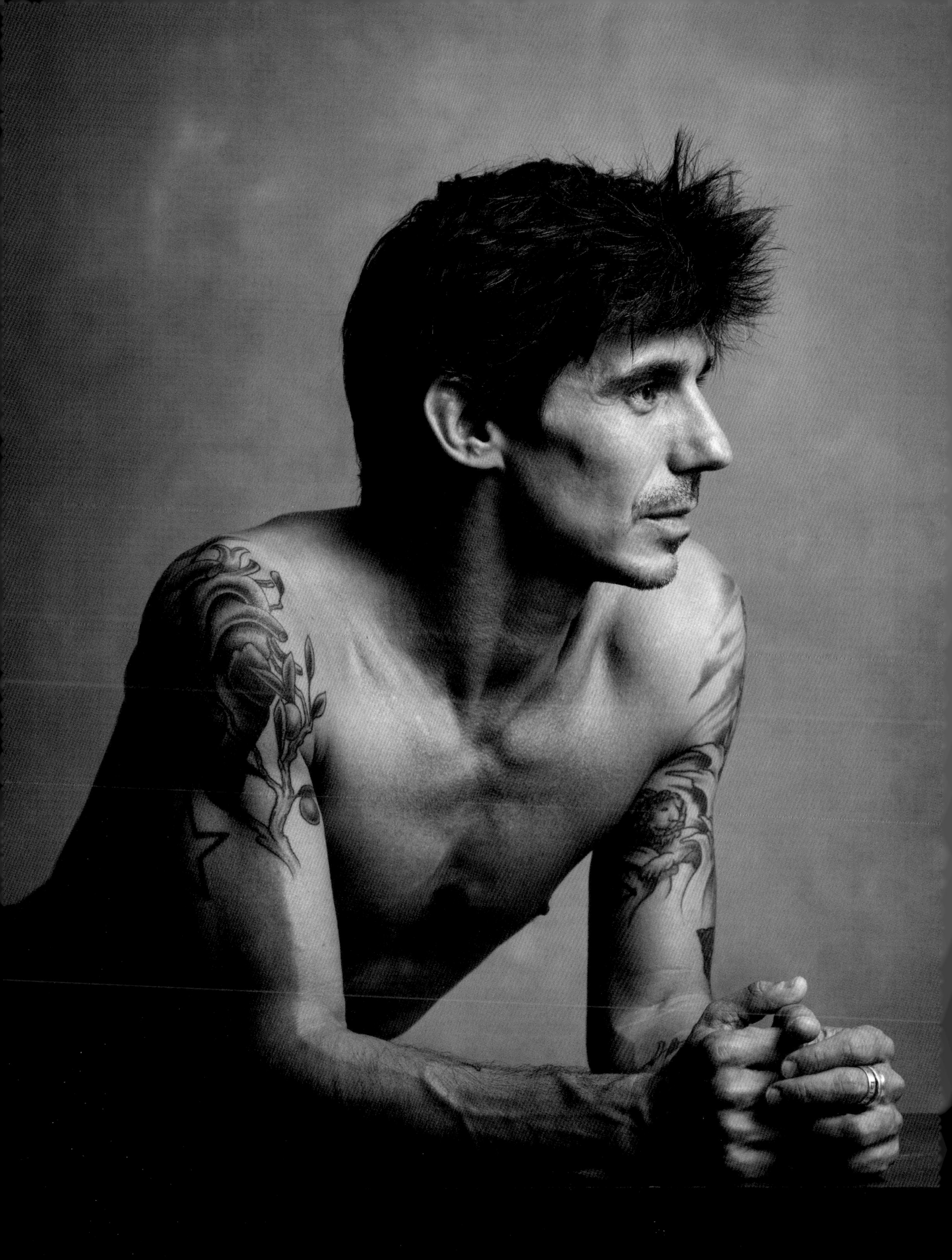

Yannick Lebrun and **Jacqueline Green** | Alvin Ailey American Dance Theater

Jacqueline Green | Alvin Ailey American Dance Theater

Dayesi Torriente | Principal, National Ballet of Cuba and **Arian Molina Soca** | Principal, Pennsylvania Ballet

“저는 이 예술 형식을 다양한 방식으로, 그리고 제 방식대로 경험해보고 싶어서 제 무용단을 만들었습니다.”

– 미셸 와일스Michele Wiles

Gregory Dean | Principal, Royal Danish Ballet

"가장 큰 두려움은 부상을 당해 예전처럼 춤을 출 수 없게 되는 것입니다.
물론 이전에도 큰 부상을 겪은 적이 있었습니다.
저는 전방십자인대 없이 무용을 하는 세계 유일의 무용수입니다.
의학적으로는 거의 불가능한 일이죠. 의사를 찾아갔을 때, 실습 중이던 레지던트들이 제 유튜브 영상을 보고 있었습니다.
그리고 이렇게 묻더군요.
'도대체 어떻게 이런 동작을 하시는 거죠?'
저는 말 그대로 의학적으로 설명하기 힘든 존재였습니다."

– 애슐리 바우더 Ashley Bouder

"끈 이론string theory이 맞는다면, 우주는 무한히 작은 에너지의 진동하는 가닥들로 이루어져 있습니다. 각각의 가닥은 저마다의 음을 내뿜습니다.

이 가닥들이 서로 끌어당기며 결합할 때, 당신, 나, 이 페이지, 이 사진, 존재하는 모든 것이 탄생합니다. 더 많은 가닥이 연결될수록 더 많은 음이 함께 울려 퍼집니다.

이 모든 음이 동시에 진동하고 있다면, 세상에 존재하는 모든 것은 고유한 하나의 음악적 화음으로 볼 수도 있습니다. 그렇다면, 우주는 곧 음악이라는 뜻입니다. 그리고 우주가 음악으로 이루어져 있다면, 그에 대한 가장 자연스러운 반응은 춤추는 것 외에는 없을 것입니다."

– 라르 루보비치Lar Lubovitch

Lar Lubovitch | Artistic Director, Lar Lubovitch Dance Company

Sarah Lane | Soloist, American Ballet Theatre

"'보고 배우렴. 무엇을 해야 하고, 무엇을 하지 말아야 하는지를.'
저는 이 말을 매일 되새깁니다.
리허설과 공연을 보며 늘 배우고 있습니다.
우리는 매일 배울 수 있고,
때로는 가장 큰 깨달음을 전혀 예상치 못한 사람에게서 얻기도 합니다."

– 메간 그레이스 힌키스Meaghan Grace Hinkis

"배고플 때는 먹고, 피곤할 때는 자며,
음악이 들릴 때는 춤을 춥시다."

– 가렌 스크리브너Garen Scribner

Garen Scribner | Broadway star, An American in Paris

"자신감을 갖는 것은 더 강한 무용수가 되는 데 큰 도움이 됩니다.
자만하거나 '내가 충분히 잘하고 있는 걸까?' 하고 불안해하기보다,
자신의 춤에 집중하며 확신을 가지는 것이 중요합니다.
이러한 자신감은 예술성과 무대 위 존재감을 높여주고, 자신을 더욱
돋보이게 만들어줍니다.
또한 자신감을 가지면 더 많은 도전에 나설 수 있으며, 자신의 잠재력을
온전히 실현할 수 있습니다."

– 미리엄 밀러Miriam Miller

Zachary Catazaro | Soloist, New York City Ballet

Zachary Catazaro | Soloist, New York City Ballet and **Isabella Boylston** | Principal, American Ballet Theatre

"공연을 마치고 무대를 내려올 때, 마치 제 모든 것, 심지어 내장까지 무대 위에 쏟아두고 온 듯한 느낌이 들면, 그것은 말 그대로 황홀함입니다.
세상에서 가장 짜릿한 기분입니다.
무대 위에서 그 순간에 완전히 몰입해 자유롭게 움직일 수 있을 때, 그만큼 보람찬 경험은 없습니다."

– 이사벨라 보일스톤Isabella Boylston

“어릴 적, 저는 제 방에서 『백조의 호수』의 오래된 음반을 틀어놓고 혼자 춤을 추곤 했습니다. 그 모습을 본 어머니는 제가 자라서 발레리나가 되기를 바라셨습니다.”

– 베로니카 파트Veronika Part

Veronika Part | Principal, American Ballet Theatre

Céline Cassone | Les Ballets Jazz de Montréal

"춤은 삶을 비추는 거울입니다.
설렘과 두려움, 큰 기쁨과 깊은 고통의 순간들이 이어지지만, 삶이
그러하듯 춤 또한 그 모든 순간마다 고유한 축복을 품고 있습니다."

– 압디엘 세드릭 제이콥슨Abdiel Cedric Jacobsen

Abdiel Cedric Jacobsen | Principal, Martha Graham Dance Company

“무용계에서 쌍둥이 자매가 있다는 것은,
항상 곁에 영감과 동기부여의 원천이
있다는 뜻입니다.”

– 제넬 피긴스Jenelle Figgins

Samantha Figgins | Alvin Ailey American Dance Theater

Jenelle Figgins | Dance Theatre of Harlem

“우리 가족에게 무용은 완전히 미지의 세계였습니다.
무엇을 기대해야 할지도 몰랐습니다.
당시 부모님 역시 이 일이 제 인생을 이렇게까지 극적으로 바꿔놓을 거라고는 상상하지 못하셨을 것입니다.”

– 로니 위크스Lonnie Weeks

"요즘은 예전만큼 긴장하지 않습니다. 피터 마틴스Peter Martins 예술감독께서 저를 솔리스트로 승급시켜 주신 그날, 저는 오랫동안 찾아왔던 무언가를 마침내 찾은 느낌이었습니다. 누군가가 저에게 '있는 그대로의 너, 예술가로서의 너를 인정해준다'라고 말해준 것이었기 때문입니다. 그 말 한마디가 제게 엄청난 자신감을 주었습니다. 있는 그대로의 나로 설 수 있고, 다른 누구처럼 보일 필요가 없다는 확신을 주었죠. 저는 그냥 '로렌'이면 되고, 그것으로 충분합니다."

– 로렌 러벳Lauren Lovette

Lauren Lovette | Principal, New York City Ballet

Chase Finlay | Principal, New York City Ballet

Lauren Lovette and **Chase Finlay** | Principals, New York City Ballet

"모든 사람은 저마다의 방식으로 몸을 통해 표현하고 소통합니다.
클래식 발레는 인간 사이의 감정을 표현하는 하나의 정제된 방식일 뿐입니다.
발레를 이해하지 못한다고 해서 두려워할 필요는 없습니다.
발레는 이해하기 위한 것이 아니라, 즐기기 위한 것입니다."

– 앙헬 코렐라Angel Corella

Angel Corella | Artistic Director, Pennsylvania Ballet

Stella Abrera | Principal, American Ballet Theatre

Xander Parish | First Soloist, Mariinsky Ballet

"놀라운 신체 능력을 지닌 무용수일수록, 오히려 무대 위에서 인간적인 면모를 드러내기가 더 어려울지도 모릅니다. 초인적인 동작을 해내면서도 자신의 연약함, 희망, 두려움, 꿈까지 드러내야 하기 때문입니다.
그래서 우리는 페이주PeiJu에게서 눈을 뗄 수 없는 것입니다. 그녀의 모든 움직임은 우리를 그녀의 감정의 여정 속으로 이끕니다.
타의 추종을 불허하는 무용수로 거듭나기까지 끊임없이 몸을 단련해 왔고, 그와 같은 집중력으로 마음을 열어내는 법 또한 갈고닦아 왔습니다."

– 자넷 에일버Janet Eilber, 마사 그레이엄 무용단, 예술감독

"다시 무대에 서는 것은 제게 아주 자연스럽고 당연한 일입니다.
저는 발레가 단순히 몇 번의 피루엣pirouette을 도는지, 혹은 다리를 얼마나 높이 올릴 수 있는지를 보여주는 것이 아니라고 믿습니다.
발레는 예술이며, 자신을 표현하는 데 나이의 제한은 없습니다.
지금의 자신을, 그리고 그렇게 되어온 자신을 온전히 받아들이는 것이 중요합니다.
당신의 나이와 한계까지도 포함해서 말입니다. 그리고 삶에서 얻은 경험들을 활용해 예술 속에 새로운 것을 불어넣으세요."

– 이자벨 게랭-프롤리히Isabelle Guerin-Frohlich

Isabelle Guerin-Frohlich | former Étoile, Paris Opera Ballet and **Lloyd Knight** | Principal, Martha Graham Dance Company

“진실을 전하고 인간 경험의 보편성을 표현하기 위해, 발레리나는 자신의 삶에서 얻은 경험과 발레라는 예술에 대한 존중과 헌신을 모두 갖추어야 합니다.

단순히 동작을 수행하는 것을 넘어서, 인간다움과 겸허함을 모든 표현의 순간마다 순수하고 진실하게 담아내야 합니다. 그것이 무대 위는 물론, 무대 밖에서도 의미를 지니는 진정한 예술성이라고 믿습니다.”

– 질리언 머피|Gillian Murphy

"춤은 제 삶의 자연스러운 일부였습니다. 첫 공연에서 말 한마디 없이 나 자신을 표현할 수 있다는 그 기쁨의 순간을 절대 잊지 못할 것입니다. 상상력은 풍부했지만 수줍음이 많은 아이였던 저에게, 그 경험은 정말 큰 선물이었습니다.

무대의 조명, 음악과 박수를 제외한 고요한 정적, 그 모든 순간이 제 마음에 깊은 인상을 남겼고, 그때의 감정은 지금까지도 제 안에 깊은 울림으로 남아 있습니다."

– 줄리 켄트Julie Kent

Yuriko Kajiya and **Jared Matthews** | Principals, Houston Ballet

Daniil Simkin | Principal, American Ballet Theatre and **Céline Cassone** | Les Ballets Jazz de Montréal

"저는 몬태나주Montana의 파인크릭Pine Creek의 통나무집에서
자랐습니다.
너무 작은 마을이라 얼마 전에는 '매물로 나왔다'는 소식이 돌 정도였죠.
TV도 없이 자연에 둘러싸여 살았습니다.
어느 여름에는 공원에서 들소 떼가 탈출해 놀이터에서 풀을 뜯기
시작했습니다. 아메리칸 인디언들이 와서 들소를 몰아가기 전까지는
쉬는 시간에도 밖에 나갈 수 없었습니다.

제가 처음 춤을 접한 건, 샌프란시스코 발레단에서 활동했던 주디스
영거 허트슨스Judith Younger Hertsens라는 아름다운 선생님을
통해서였습니다. 그분은 우리에게 식당 뒤쪽 공간에서 무브먼트 수업을
해주셨습니다."

– 마리아 사샤 칸Maria Sascha Khan

"발레리노로서의 시간이 영원하지 않다는 사실을 조금 더 일찍 깨달았더라면 좋았을 것입니다. 이제는 큰 배역이든 작은 배역이든, 무대 위의 모든 순간을 진심으로 즐기려는 마음이 훨씬 커졌습니다."

– 찰리 앤더슨Charlie Andersen

“어떤 아이가 저에게 무용수가 되고 싶다고 말한다면,
프로 무용수는 엄청난 노력이 필요한 직업이지만, 세상에서 가장 멋진 직업이라고 말할 것입니다.
춤이 당신의 내면의 빛을 환히 밝혀주고, 도전과 배움을 사랑한다면 주저할 이유가 없습니다.
가능한 한 많은 무용 수업을 듣고, 직접 안무도 만들고, 비가 오면 춤을 추며 파티를 여세요.
당신에게 영감을 주는 프로 무용수들을 찾아보고, 그저...
날아오르세요!”

– 레이첼 맥라렌Rachael McLaren

Kyle Abraham | Artistic Director, Abraham.In.Motion

"타인의 말은 때때로 매우 강력한 힘을 가집니다. 하지만 그 말들이 당신을 규정하도록 내버려두어서는 안 됩니다.
당신에게 도움이 된다고 느껴지는 말만 받아들이고, 그 외의 말들에 짓눌리지 않기를 바랍니다."

– 미스티 코플랜드Misty Copeland

Alexandre Hammoudi | Soloist, American Ballet Theatre and Misty Copeland | Principal, American Ballet Theatre

Alexandre Hammoudi | Soloist, American Ballet Theatre

"당신이 생각하거나 바라던 길은, 실제로 걷게 되는 길과 다를 수 있습니다.
자신의 커리어가 어떻게 흘러갈지는 누구도 알 수 없습니다.
예상치 못한 굴곡과 변화는 누구에게나 찾아오기 마련입니다."

– 홀리 도저Holly Dorger

"제가 보기에 춤은 일종의 시詩입니다. 신체적 능력은 단지 하나의 수단일 뿐, 결코 목적이 아닙니다.
춤의 육체적인 면만 집착하는 무용수들은 마치 하나의 음만 반복해 내는 사람처럼 보입니다.
그들의 춤은 언제나 큰 소리로 외치기만 하는 것처럼 보이기도 합니다.
그 차이는 결국 '고함'과 '노래'의 차이입니다. 그리고 바튼Barton은 '노래'하는 무용수입니다."

– 라르 루보비치Lar Lubovitch, 라르 루보비치 무용단 예술감독 (바튼 카우퍼스웨이트Barton Cowperthwaite에 대하여)

Barton Cowperthwaite | Lar Lubovitch Dance Company

“춤은 단지 움직임이 아니라, ‘표현’입니다.”

– 애슐리 엘리스Ashley Ellis

"처음으로 앨빈 에일리Alvin Ailey의 『계시Revelations』를 공연했을 때, 노르웨이 오슬로에서 막이 오르고 그 유명한 오프닝 자세로 무대에 선 순간, 저는 바로 이곳이 제가 있어야 할 자리임을 알았습니다. 공연 내내 눈물을 흘렸고, 그것은 말로 다 표현할 수 없는 감사와 벅찬 행복의 눈물이었습니다."

– 숀 아론 카몬Sean Aaron Carmon

Russell Ducker | Pennsylvania Ballet

Lloyd Mayor | Soloist, Martha Graham Dance Company

"저희 가족은 춤과는 거리가 먼 사람들이었지만, 제가 열두 살의 나이로 춤을 인생의 최우선으로 삼겠다고 결심했을 때, 끝까지 전적으로 저를 믿고 응원해 주었습니다."

– 커샌드라 트레너리Cassandra Trenary

Cassandra Trenary | Soloist, American Ballet Theatre and **Gabe Stone Shayer** | American Ballet Theatre

"제가 무용수를 찾을 때 가장 중요하게 보는 것은 안무를 얼마나 빨리 외우느냐가 아닙니다. 제 시선을 끌고, 눈을 뗄 수 없게 만드는 사람입니다.
움직임에 굶주린 듯, 마치 춤을 삼켜버릴 듯 몰입하며, 그 안에서 제가 미처 보지 못했던 무언가를 드러내는 사람.
그런 무용수는 정말 소중한 존재입니다."

– 빌 T. 존스Bill T. Jones

Sean Aaron Carmon and **Michael Jackson Jr.** | Alvin Ailey American Dance Theater

Devon Teuscher | Soloist, American Ballet Theatre

"공연이 끝난 후 가장 자주 받는 질문 중 하나는 "그 춤은 무슨 의미였나요?"라는 것입니다.
그럴 때마다 저는 이렇게 말하곤 합니다. 특히 폴 테일러Paul Taylor의 춤에 있어서는, 옳고 그름이나 흑백처럼 딱 떨어지는 정답은 없다고요.
춤의 진정한 아름다움은 각기 다른 관객에게 각기 다른 방식으로 말을 건넬 수 있는 그 가능성에 있습니다.
관람의 경험은 지극히 개인적인 것이기 때문에, 정확히 무엇을 봤는지를 굳이 정의할 필요는 없습니다. 그저 마음껏 도전받고, 그 안에서 즐거움을 느낄 수 있는 기회라고 생각합니다."

– 마이클 트루스노벡Michael Trusnovec

Addison Ector | Soloist, Complexions Contemporary Ballet

"체격이 작든, 아시아인이든, 혹은 발레에 어울리지 않는 몸이라 해도,
그건 중요하지 않습니다.
진정으로 중요한 것은, 이 예술에 당신의 모든 것을 걸 각오가 되어
있는가 하는 점입니다."

– 미사 쿠라나가Misa Kuranaga

Misa Kuranaga | Principal, Boston Ballet

"마사 그레이엄은 로이드 나이트Lloyd Knight를 직접 만난 적은 없지만, 그녀가 '신의 운동선수'라는 표현을 만들었을 때, 아마도 마음속에는 로이드의 모습이 그려지고 있었을 것입니다."

– 자넷 에일버Janet Eilber, 마사 그레이엄 무용단, 예술감독

Lloyd Knight | Principal, Martha Graham Dance Company and **Abdiel Cedric Jacobsen** | Soloist, Martha Graham Dance Company

Emily Bromberg | Soloist, Miami City Ballet

“저는 항상 이렇게 말하곤 합니다. 마이클 잭슨Michael Jackson과 자넷 잭슨Janet Jackson이 제 첫 번째 춤 선생님들이었다고요. 그들의 영상을 몇 시간이고 반복해서 보며, 모든 동작을 완벽히 익힐 때까지 따라 했습니다.”

– 다니엘 하더Daniel Harder

Kleber Rebello | Principal, Miami City Ballet

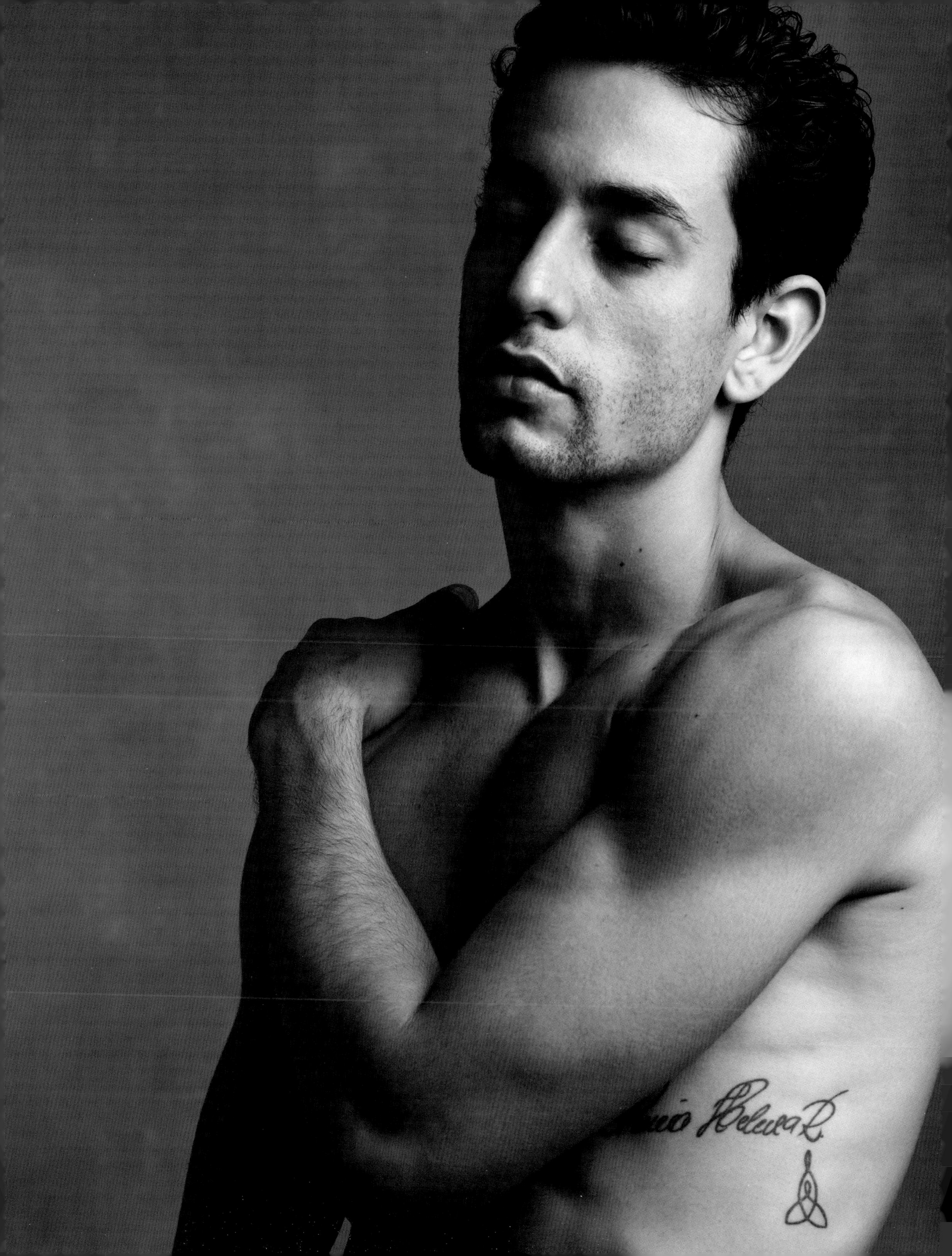

"미국에서 자라며 발레에 몰두하고 싶었지만, 그럴 여유가 거의 없었습니다.
발레 학교나 여름 집중 프로그램Summer Intensive에 참여하려면, 늘 장학금을 받아야만 했습니다. 발레는 결코 쉽게 다가갈 수 있는 예술이 아닙니다.
그 현실만큼은 꼭 바꾸고 싶습니다."

– 에이드리언 블레이크 미첼Adrian Blake Mitchell

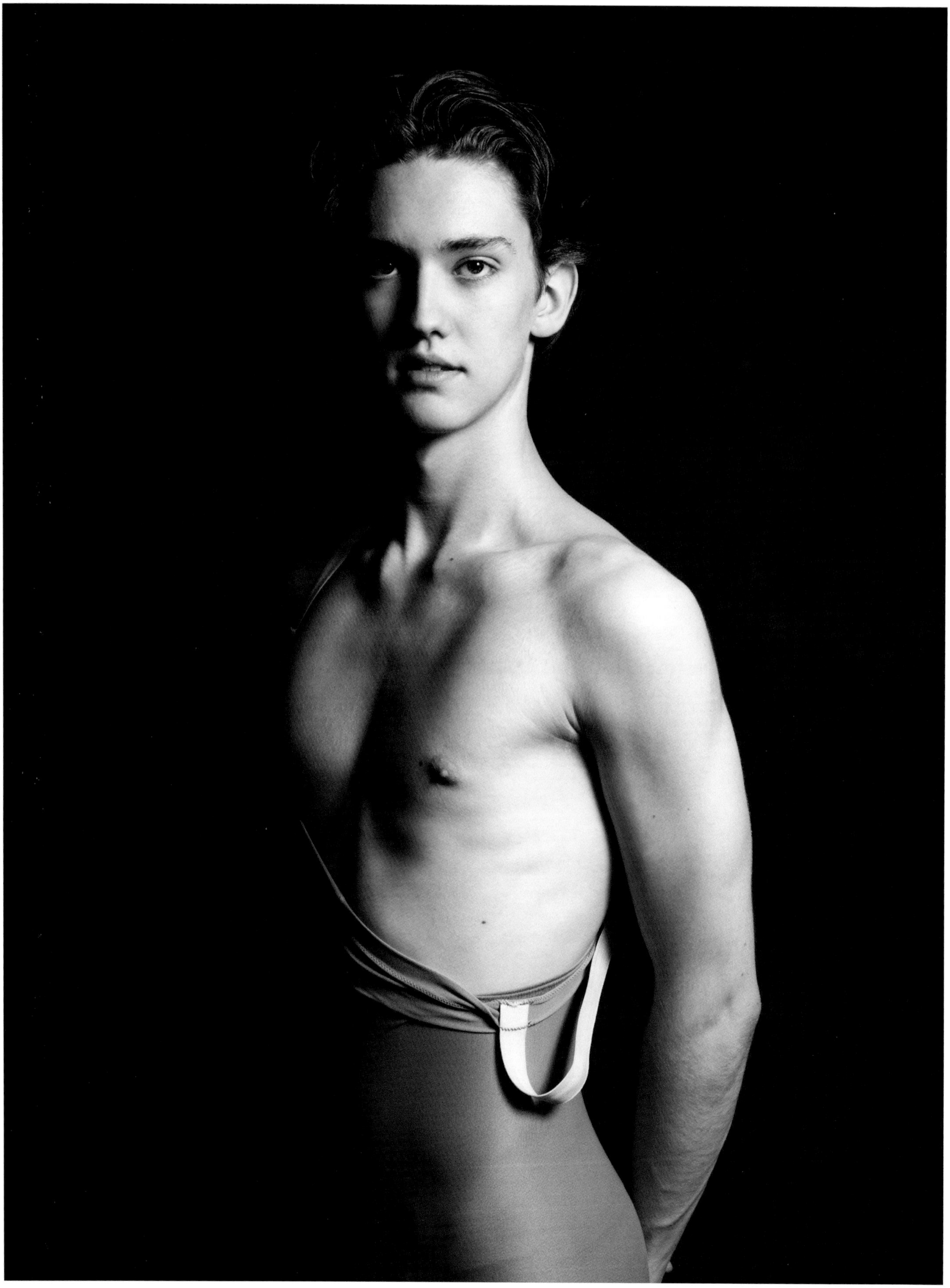

Julian MacKay | The Royal Ballet

"시간과 경험은 이 예술이 본질적으로 덧없다는 사실을 제게 가르쳐 주었습니다. 미래에 대한 두려움에 사로잡히기보다는, 지금 이 순간을 살아가며 매 순간을 소중히 여기는 것이 가장 좋은 길이라는 걸 깨달았습니다."

– 로라 할잭Laura Halzack

Calvin Royal III | American Ballet Theatre

"어린 발레리나였던 시절, 완벽하지 않아도 괜찮다는 걸 알았더라면 얼마나 좋았을까 싶습니다.

저는 어린 시절 대부분을 스스로에게 너무 엄격하게 대하며, 성공보다는 실수에만 집착했습니다. 하지만 무용수라는 직업의 수명은 매우 짧기 때문에, 그 안에 담긴 모든 순간을 소중히 여겨야 한다는 걸 이제야 깨닫습니다."

– 마리아 코우로스키Maria Kowroski

"제가 어떤 동물이 될 수 있다면, 독수리가 되고 싶습니다.
어릴 적부터 팔이 길다는 사실이 부끄럽고 늘 신경 쓰였지만, 춤은 그런 제 팔을 받아들이고, 말로는 표현할 수 없는 감정을 드러내는 도구로 사용하는 법을 가르쳐주었습니다."

– 마이클 잭슨 주니어Michael Jackson Jr.

"무용수에게서 제가 가장 중요하게 여기는 것은, 자기 자신을 표현할 수 있는 능력, 그리고 어떤 역할이 주어지더라도 그 안에 자신만의 개성과 힘을 불어넣을 수 있는 능력입니다."

– 자넷 에일버Janet Eilber, 마사 그레이엄 무용단, 예술감독

"춤은 흐름 속에 있고, 찰나 속에 존재합니다.
무대 위의 모든 공연은 유일하며, 결코 똑같이 반복되지 않습니다.
그래서 저는 사진을 정말 사랑합니다. 그 순간을 기억할 수 있기 때문입니다.
사진은 시간을 멈춰 세웁니다. 본질적으로 덧없고 순간적인 무용의 세계와는 전혀 다른 방식으로요."

– 다닐 심킨Daniil Simkin

"혁신을 주목하는 것도 물론 중요하지만, 어떤 것이 새롭고 혁신적인지를 알아보려면 그 이전에 무엇이 있었는지를 먼저 이해해야 합니다. 그리고 솔직히 말해서, 『백조의 호수』는 지금도 여전히 아름답지 않나요?"

– 피터 보얼Peter Boal

Peter Boal | Artistic Director and **Carla Körbes** | former Principal, Pacific Northwest Ballet

Aran Bell | American Ballet Theatre Studio Company

"세상에는 뛰어난 테크닉과 무대 위 존재감을 갖춘 훌륭한 무용수들이 많다고 생각합니다. 하지만 저에게 진정한 영감을 주는 무용수들은 자신감 있는 무용수들입니다.

그들은 자신을 위해, 또 관객을 위해 춤을 춥니다.

두려움에서 비롯된 춤이 아니라, 무언가를 나누기 위해 추는 춤입니다."

– 다니엘 울브리히트 Daniel Ulbricht

"당신이 처음 춤을 시작하게 된 데에는, 분명 당신만의 특별한 무언가가 있었음을 기억하시기 바랍니다.
왜 그것이 당신을 움직였는지 탐구하는 일은 충분히 가치 있는 시간입니다."

– 마샤 다시키나 매덕스Masha Dashkina Maddux

"사람들이 춤을 볼 때, 무용에 대해 꼭 뭔가 알고 있어야 한다고 생각하지 않았으면 좋겠습니다.
어딘가 모르게 위축되는 요소가 있어서, 무용의 역사나 의미를 알아야만 이해할 수 있다고 느끼곤 합니다.
하지만 중요한 것은 오직 그것이 당신에게 어떤 의미로 다가오는가입니다."

– 카일 아브라함Kyle Abraham, 아브라함.인.모션Abraham.In.Motion, 예술감독

Sean Aaron Carmon, Daniel Harder and Michael Jackson Jr. | Alvin Ailey American Dance Theater

"『백조의 호수』를 추고 난 후에는, 세상을 정복할 수 있을 것 같은 기분이 듭니다."

– 미스티 코플랜드Misty Copeland

Misty Copeland | Principal, American Ballet Theatre

To Sarah,
Move + think!
think + move!
Bill T. Jones
1/20/16

If I said I wasn't just a little jealous, I'd be lying! Thanks for letting me in your awesome space! Your parents ROCK!
♥ Sean Carmon

To Jenna
with Love!
От Артема Овчаренко
Bolshoi
А. Овчаренко

Dear Jenna,
♥ Dance!
Peija Chinn-Pratt

To Jenna,
Laugh always,
Love always,
Dance always w/ joy in your heart!
xo
Laura Halzack

To Sarah ☺
Follow your dreams and you will go far!
never stop believing in yourself!
muah ♥
Peter Peck

For Dear Jenna!
Dream BIG~
xo,
John Kent ♥

To JENNA,
MY LONG-LEGGED PRINCESS, DANCE ON!
I'M NOW ONE OF YOUR LOYAL SUBJECTS!
♥ Garen

Let your light shine Jenna!
Lillian Murphy

Sarah,
You're Gorgeous!
Keep Dancing!
Love,
[illegible signature]

For Jenna,
Toi Toi Toi!
XOXO
[illegible signature]

사진작가의 노트

NYC Dance Project와 이 책의 영감은 사실 딸 사라에게서 비롯되었다. 사라가 열두 살이던 무렵, 무용수가 되기를 꿈꾸며 자신의 방을 좋아하는 무용수들의 사진으로 가득 채우고 싶어했다. 간단한 일처럼 보였기에 서점과 인터넷, 갤러리를 뒤졌지만, 현재 활동 중인 무용수들의 사진은 좀처럼 찾을 수 없었다. 바리시니코프Baryshnikov나 마르코바Markova 같은 과거 세대의 전설적인 무용수들을 담은 사진은 많았지만, 대부분 40여 년 전 촬영된 것들이었다.

그때 켄이 직접 사진을 찍자고 제안했다. 당시 우리는 아메리칸 발레 시어터의 수석 무용수 다닐 심킨의 열렬한 팬이었고, 그에게 연락해 첫 번째 모델이 되어줄 수 있겠느냐고 요청했다. 다닐은 기꺼이 응해주었고, 사진 촬영은 성공적으로 이루어졌다. 켄은 25년 넘게 사진작가로 활동하며 메릴 스트립Meryl Streep, 나탈리 포트만Natalie Portman, 앙드레 프레빈Andre Previn 등 유명 인사를 촬영한 경험이 있었기에 이 작업도 능숙하게 이끌었다. 이후 다닐이 다른 수석 무용수들과도 연결해 주면서 NYC Dance Project가 공식적으로 시작되었다. SNS에 사진을 올리자 무용수들 사이에 빠르게 퍼졌고, 세계 곳곳의 무용수들이 협업을 제안해왔다.

나의 사진 활동은 미시간 대학교에서 무용을 전공하던 시절 우연히 시작되었다. 새 학기를 앞두고 스트레스성 골절을 입어 춤을 출 수 없게 되었고, 큰 낙담에 빠졌다. 당시 부엌 테이블 위에 놓여 있던 아버지의 새 카메라를 충동적으로 꺼내 사진 수업을 듣기 시작했다. 무대에 설 수는 없었지만 리허설 장면을 찍기 시작했고, 춤을 잘 알고 사랑하던 나에게 무용수 촬영은 매우 자연스러운 일이었다. 이후 《Mirabella》, 《House & Garden》 등의 잡지에서 에디터로 일하며 사진작가 섭외, 콘셉트 기획, 촬영 디렉팅과 스타일링 등을 맡았고, 이후 프리랜서로 전향해 다양한 분야의 촬영을 이어갔다.

켄을 처음 만났을 때도 '춤을 사진으로 담는 일'에 대해 이야기했다. 켄은 파리에서 사진작가로 활동하던 시절, 《Madame Figaro》의 의뢰로 파리 오페라 발레단Paris Opera Ballet의 이자벨 게랭Isabelle Guerin을 촬영한 경험을 인상 깊게 떠올렸다. 이후 켄은 오랜 시간 파리 오페라에서 발레 공연을 관람하며 피나 바우쉬Pina Bausch의 공연도 자주 접했다. 둘 다 무용수들과의 작업에서 느껴지는 '움직임', '예술성', '열정'에 매료되어, 그 세계를 더 깊이 탐구하고자 하는 열망을 품게 되었다.

결혼 후 켄의 브루클린 집으로 이사했다. 그곳은 본래 오래된 공장이었던 로프트 공간으로 지금은 집이자 스튜디오로 사용되고 있다. 무용수들이 이곳에 와서 촬영을 하면, 공간은 전혀 다른 분위기로 물든다. 고양이들이 세트를 가로질러 걷거나 튀튀 사이에서 잠을 자기도 하고, 아이들이 학교에서 돌아

와 무용수들과 인사를 나누며 자연스럽게 대화를 나눈다. 이곳은 단순한 촬영장이 아니라 살아 있는 따뜻한 공간이 되었다. 촬영이 끝난 후에도 무용수들과 함께 시간을 보내며 가까워졌고, 그들 중 많은 이들이 친한 친구가 되었다. 특히 딸 사라에게는 원하는 것 이상으로 소중한 선물이 되었는데, 무용수들이 딸의 방 벽에 직접 사인을 남겨주었기 때문이다.

이 프로젝트는 단순히 둘의 협업을 넘어, 무용수들과의 깊은 협업이기도 했다. 사진 한 장 한 장은 공연의 안무를 짜듯 치밀하게 계획되었고, 배경과 조명, 의상 등 모든 요소에 세심한 고민이 담겼다. 때로는 무용 의상뿐 아니라 디자이너의 꾸뛰르 의상을 활용했고, 이러한 결정들은 무용수와 긴밀히 논의하며 조율했다. 스튜디오에서 촬영하는 이유는 움직임, 빛, 구도, 감정, 그리고 무용수 그 자체에 집중하기 위해서였다. 일관된 배경을 사용함으로써 우리의 작업에는 고유한 스타일과 시그니처가 생겼다. 또한, 촬영에는 핫셀블라드Hasselblad 미디엄 포맷 카메라를 사용했다. 촬영 속도가 느려 무용 촬영에는 일반적이지 않은 장비지만, 오히려 그 느림 덕분에 이미지에 깊이 있는 고민을 담을 수 있었고, 무용수와 함께 충분한 시간을 들여 작업할 수 있었다. 번갈아가며 촬영하고, 조명을 조정하고, 의상을 손질하며, 현장에서 발생하는 수많은 디테일을 함께 다루었다. 누가 셔터를 누르든, 늘 함께 한장의 이미지를 완성해갔다.

사진은 움직임을 통해 감정을 포착하는 것에 초점을 맞추고 있다. 그것이야말로 춤의 본질이라고 느끼기 때문이다. 춤은 움직임으로 말하는 언어이며, 결코 무용의 '기교'나 '묘기'에 집중하고 싶지 않았다. 우리가 담고자 한 것은 언제나 감정이었다. 그것은 동작을 준비하며 들이쉬는 한 번의 숨결 속에서, 혹은 아름다운 점프 속에서 느끼는 자유로움 속에서 나타날 수 있다. 정지된 이미지 안에서도 관람자가 그 움직임을 느낄 수 있어야 했다. 동시에, 이 사진들은 신체에 대한 찬미이기도 했다. 무용수는 예술가이자 운동선수이며, 이 두 면모가 선명하게 드러난다.

프로젝트 초기에 무용수들과의 인터뷰를 블로그에 함께 소개해왔다. 왜 춤을 추는지, 춤이 어떤 의미를 갖는지에 대한 이야기들이 많은 이들에게 궁금한 주제라고 생각했기 때문이다. 잡지 업계에서 일한 경험이 있었기에, 이미지와 텍스트를 함께 전하는 방식이 자연스러웠다. 이 책에는 우리가 가장 좋아하는 무용수들의 말들도 함께 담았다.

사진과 그 개념을 하나의 책으로 엮는 일은 오랫동안 품어온 꿈이었다. 사진작가로서 하나의 프로젝트를 책이라는 형식으로 엮어내고, 작품에 흐름을 부여하며, 각 이미지가 더 큰 전체의 일부로 자리 잡는 과정을 보는 것은 큰 기쁨이었다. 세계 최고의 무용수 모두를 이 책에 담고 싶었지만, 그것은 정의하기도, 실현하기도 어려운 꿈이었다. 그래서 지금까지 촬영한 이미지 중 일부를 모아 책에 담았다. 부디 이 책을 펼친 독자들이 우리가 이 작업을 하며 느낀 감동과 기쁨을 함께 느끼기를 바란다.

- 데보라 오리, 뉴욕 브루클린, 2016

감사의 글

이 프로젝트가 가능할 수 있도록 해준,
다음 분들께 특별한 감사를 드립니다:

George G

field

Daniil Simkin

J.P. Leventhal, Becky Koh, Ankur Ghosh, and the staff at Black Dog & Leventhal

John and Jeri Heiden, Smog Design, Inc.

Elise Weisbach

디자이너:

Ainsliewear

Alberta Ferretti

Backdrops from Oliphant Studio

Bullet Pointe

Caryn Wells Designs

Chacott by Freed of London

Eleve

Epperson

Gaynor Minden

Grishko

Karen Young

KD New York

Keiko Voltaire

KeithLink

Leanne Marshall

Liz White Couture

Maurizio Nardi

Melinda Keth Lane

Mirella

Naeem Khan

Norma Kamali

Olvi's

Paul Smith

Reid and Harriet

Tadeshi Shoji

Trash Couture

Valentina Kova

Yumiko

Zachary Alexander

의상 협찬:

Alvin Ailey American Dance Theater

American Ballet Theatre

An American in Paris, Broadway Bolshoi Ballet

Boston Ballet

Martha Graham Dance Company

New York City Ballet

Paul Taylor Dance Company

Royal Danish Ballet

다음 분들께도 깊은 감사를 전합니다:

Ann Wiberg

Angel Corella

Angelica Steudel

Cara Lynn Moccia

Christina Daigneault

Christopher Peregrin

Cory Stieg

Damian Monzillo

Donald Jakubowski

Doug Denoff

Gia Kourlas

Gilda Squire

Giselle Karounis

Glenda Bailey

Hasselblad

Hooman Majd

Hossein Farmani

Isabelle Guerin-Frohlich

Janet Eilber

Jeff Dunas

Jeff Korcheck

Jenna Ory

Juliet Jane

Kara Medoff Barnett

Lar Lubovitch

Leanne Marshall

Leica Cameras

Lori Genkins Marchand

Madeline Hinkis

Mark Bugzester

Matthew Clowney

Meiying Thai

Nathan Johnson

Philippa Serlin

Sarah Oliphant

Sarah Ory

Ticia Baratta

Dress by Norma Kamali
Hair and makeup by Juliet Jane

Dress by Leanne Marshall
Hair and makeup by Juliet Jane

Dress by Naeem Khan
Hair and makeup by Juliet Jane

L: Tights by Yumiko
R: Tights by KD Dance

Dress by Leanne Marshall

Dress by Leanne Marshall

Dress by Liz White Couture

Tights from the Artem Ovcharenko Collection
by Grishko

Costume from Jardin aux Lilas,
courtesy of American Ballet Theatre.
Hair and makeup by Juliet Jane

Dress by Naeem Khan

Dress by Keiko Voltaire

Tights by Yumiko

Pants by Alex Rotin

L: Costume by Epperson
R: Leotard by KeithLink

Dress courtesy Alvin Ailey American Dance Theater
Hair and makeup by Juliet Jane

Costume by Epperson
Hair and makeup by Juliet Jane

Dress by Olvi's, the Lace Collection

Costume courtesy of the Royal Danish Ballet

Dresses by Leanne Marshall
Hair and makeup by Juliet Jane

Dresses by Leanne Marshall
Hair and makeup by Juliet Jane

Tutu by Melinda Keth Lane
Hair and makeup by Juliet Jane

Costume by Chacott by Freed of London

Dress by Leanne Marshall
Hair and makeup by Juliet Jane

Dress by Leanne Marshall
Hair and makeup by Juliet Jane

Costume from An American in Paris

Dresses by Leanne Marshall
Hair and makeup by Juliet Jane

Dresses by Leanne Marshall
Hair and makeup by Juliet Jane

L: Dress by Trash Couture
R: Dress by Valentina Kova

L: Dress by Reid and Harriet
R: Leotard by KeithLink

Tutu by Chacott by Freed of London
Tiara by Caryn Wells Design

Dress by Leanne Marshall
Hair and makeup by Juliet Jane

Tights by Yumiko

L: Leotard by Lone Reed Design
R: Tutu by Chacott by Freed of London

Dresses by Leanne Marshall
Hair and makeup by Gisele Karounis

Dress by Leanne Marshall
Hair and makeup by Gisele Karounis

Costume from La Bayadere,
courtesy of American Ballet Theatre
Hair and makeup by Riva Pizhadze

Tights by KeithLink

Dress by Leanne Marshall

Costume from Errand into the Maze,
courtesy of Martha Graham Dance Company

Dress by Leanne Marshall
Hair and makeup by Juliet Jane

Dress by Olvi's, the Lace Collection

L: Tutu and tiara by Caryn Wells Design
R: Costume from Romeo and Juliet,
courtesy of American Ballet Theatre

L: Costumes from Giselle
R: Costume from Don Quixote,
courtesy of American Ballet Theatre

Costumes from Giselle,
courtesy of American Ballet Theatre

L: Leotard by Eleve Dancewear
R: Dress by Olvi's, the Lace Collection

Tutu courtesy of Grishko

Costume courtesy of the Royal Danish Ballet

Skirt courtesy Alvin Ailey American Dance Theater
Leotard by Yumiko

Dress by Trash Couture
Hair and makeup by Juliet Jane

L: Dress by Alberta Ferretti, from Harper's Bazaar, 5/16
R: Dress by Trash Couture
Hair and makeup by Juliet Jane

Costume from Swan Lake,
courtesy of the Royal Danish Ballet
Hair and makeup by Juliet Jane

Costume from Bella Figura,
courtesy of Boston Ballet

Costume from Diamonds, designed by Barbara
Karinska
Courtesy of Boston Ballet

Costume courtesy of
Alvin Ailey American Dance Theater

L: Alexandre Hammoudi, Soloist,
American Ballet Theatre
R: Daniil Simkin, Principal, American Ballet Theatre

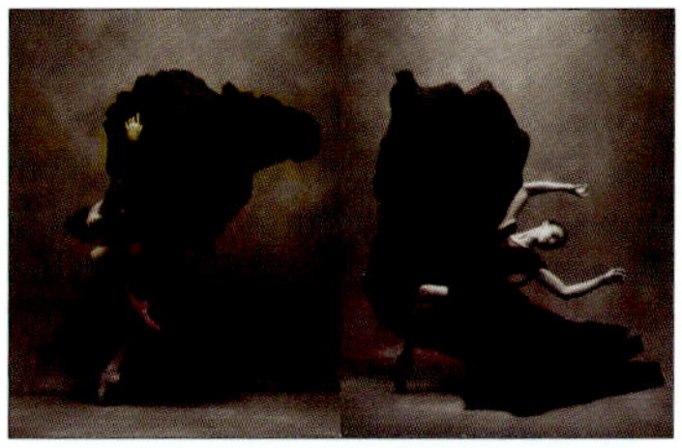
Dress by Leanne Marshall

Leotard by Yumiko

Dress by Olvi's, the Lace Collection

Tutu from Viktor Plotnikov's Swan,
courtesy of Boston Ballet

Tutu from Nutcracker, courtesy of Boston Ballet

Costume from Acts of Light,
courtesy of Martha Graham Dance Company

L: Dress by Karen Young

Costume from Sleeping Beauty,
courtesy of the Bolshoi Theatre, Russia

Costume from Piazzolla Caldera,
courtesy of Paul Taylor Dance Company
Hair and makeup by Juliet Jane

Dress by Valentina Kova
Hair and makeup by Juliet Jane

Shorts by Yumiko

Dress by Zachary Alexander

Costume from Echo by Adonis Fondiadakis
Costume by Anastasio Tassos Sofronious
Courtesy of Martha Graham Dance Company

Tutu by Chacott by Freed of London

Dress by Maurizio Nardi
Hair and makeup by Juliet Jane

Dress by Tadeshi Shoji
Hair and makeup by Juliet Jane

Leotard by Mirella Tutu from tutu.com
From Harper's Bazaar, 5/16

발레, 움직임의 순간

THE ART OF MOVEMENT

초판 발행 2025년 12월 31일
펴낸곳 동글디자인
발행인 현호영
지은이 켄 브로워, 데보라 오리
편　집 김서영
디자인 강지연
주　소 서울특별시 마포구 월드컵북로58길 10, 더팬빌딩 9층
팩　스 070.8224.4322

ISBN 979-11-91925-29-6

THE ART OF MOVEMENT
by Ken Brower and Deborah Ory

좋은 아이디어와 제안이 있으시면 출판을 통해 가치를 나누시길 바랍니다.
dongledesign@gmail.com